This book belongs to:

____

www.ingramcontent.com/pod-product-compliance
Lightning Source LLC
Chambersburg PA
CBHW070400220526
45467CB00001B/442
* 9 7 8 1 7 1 2 1 9 8 6 1 2 *